EMG3-0094 J-POP
合唱楽譜<J-POP> CHORUS PIECE

合唱で歌いたい！J-POPコーラスピース

混声3部合唱

蛍

作詞・作曲：桑田佳祐　合唱編曲：田中和音

●●● 演奏のポイント ●●●

♪ダイナミクスを意識して、曲の盛り上がりを表現しましょう。そうすることで、壮大な音楽へと広がります。

♪9・10小節目「たった一度の人生を捧げて」や17・18小節目「夏が来るたびあの日と同じ」という部分は、語尾の音が短く途切れないように注意しましょう。

♪対旋律やハーモニーは、曲の雰囲気を生かすようにつくられています。歌詞の内容を理解し、それぞれの意味や役割を考えて歌いましょう。

♪Eからのピアニスティックな部分はピアニストの腕の見せ所です。しっかりと練習して華やかに演奏しましょう。

【この楽譜は、旧商品『蛍（混声3部合唱）』（品番：EME-C3118）とアレンジ内容に変更はありません。】

合唱で歌いたい！J-POPコーラス

蛍

作詞・作曲：桑田佳祐　合唱編曲：田中和音

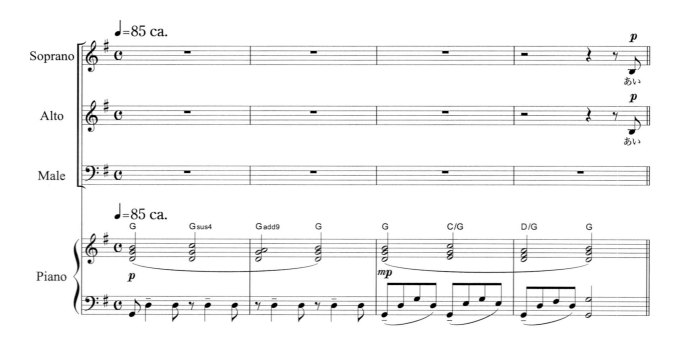

© 2013 by AMUSE INC. & SEVEN NOTES CO., LTD.

蛍

作詞:桑田佳祐

愛の歌が途絶えるように
心の灯りが消えたの
たった一度の人生を捧げて
さらば友よ　永遠(とわ)に眠れ

青空は悲しい空
揺れる木洩れ日がせつなくて
夏が来るたびあの日と同じ
風が通り過ぎて行ったよ

涙見せぬように
笑顔でサヨナラを
また逢うと約束をしたね

何のために己を断(た)って
魂だけが帰り来るの?
闇に飛び交う蛍に連れられ
君が居た気がする

※ 生まれ変われたなら
　 また恋もするでしょう
　 抱(いだ)き合い命燃やすように

　 涙見せぬように
　 笑顔でサヨナラを
　 夢溢る世の中であれと

※くりかえし

祈り

MEMO

MEMO

エレヴァートミュージックエンターテイメントはウィンズスコアが
展開する「合唱楽譜・器楽系楽譜」を中心とした専門レーベルです。

ご注文について

エレヴァートミュージックエンターテイメントの商品は全国の楽器店、ならびに書店にてお求めになれますが、店頭でのご購入が困難な場合、下記PC&モバイルサイト・FAX・電話からのご注文で、直接ご購入が可能です。

◎**PCサイト&モバイルサイトでのご注文方法**
http://elevato-music.com
上記のアドレスへアクセスし、WEBショップにてご注文ください。

◎**FAXでのご注文方法**
FAX.03-6809-0594
24時間、ご注文を承ります。上記PCサイトよりFAXご注文用紙をダウンロードし、印刷、ご記入の上ご送信ください。

◎**お電話でのご注文方法**
TEL.0120-713-771
営業時間内に電話いただければ、電話にてご注文を承ります。

※この出版物の全部または一部を権利者に無断で複製(コピー)することは、著作権の侵害にあたり、
　著作権法により罰せられます。

※造本には十分注意しておりますが、万一、落丁・乱丁などの不良品がありましたらお取り替えいたします。
　また、ご意見・ご感想もホームページより受け付けておりますので、お気軽にお問い合わせください。